ACTE PUBLIC

POUR

LA LICENCE

En exécution de l'Article 4, Titre 2, de la Loi du 22 Ventôse an XII.

SOUTENU

Par M. CHABBERT (Jean-Louis-Camille),

Né à Castres (Tarn).

TOULOUSE,

Typographie Troyes OUVRIERS RÉUNIS,
Rue Saint-Pantaléon, 5.

1858.

A LA MÉMOIRE DE MON PÈRE.

A MA MÈRE .

A MON GRAND'PÈRE

Pour leur donner le doux témoignage de l'amour et du respect que je leur dois,
et leur consacrer tous les travaux de ma vie en leur en offrant les premices

A tous ceux qui me sont chers.

Jus Romanum.

De præscriptionibus triginta vel quadraginta annorum.

Code Lib. VII, Tit. XXXIX. — Inst. Just. Lib. IV, Tit. XII, Prooemium.

Prolegomena.

Ad vitandum inter privatos continuè et sine interruptione lites pululantes, legislatores providi legibus rempublicam instruxerunt, quæ faciles et firmas facerent privatarum conventiones, et precipue circà acquisitionem conservationemque dominii. Ad bonum itaque publicum introducta est præscriptio, quæ, definitore Ulpiano *« Adeptio est domini per continuationem possessionis temporis lege definiti, »* ne scilicet quarumdam rerum diù et fere semper incerta dominia essent, cum sufficeret dominis ad inquirendas res suas statuti temporis spatium. (Dig lex I, lib. 41, tit. 2, lex 5, lib. 41, tit 10.)

Ad præscriptionem requiritur possessionis per longum tempus continuatio, quod tempus, ex legis definitione, pro varietate rerum et circumstantiarum qualitate variare solet.

Continuatur vero possessio, non tantùm in unà eâdemque personâ, sed in ejus successare universali, singularive possessione ad eum legitimè translatâ. Justiniani constitutione cautum fuit ut res quidem mobiles per triennium , immobiles vero , per longi temporis possessionem, id est , inter præsentes decennio, inter absentes viginti annis usucaperentur :

Præscriptio longissimi temporis Maximo Theodosio constituitur , cujus cuidem ea est vis, ut et titulum , si cui deest, suppleat.

Nobis devolvendæ sunt longissimi temporis, seu præscriptiones triginta vel quadraginta annorum.

CAPUT PRIMUM.

De Præscriptione triginta annorum.

Arcadii et Honorii constitutione, in rem speciales, ita de universitate, ac personales actiones ultrà triginta annorum spatium minimè protendantur, sed si qua res, vel jus aliquod postuletur, vel persona qualicumque actione vel persecutione pulsetur : nihilominus erit agenti triginta annorum præscriptio metuenda.

Actiones in rem tantùm, præscriptione longi temporis repelluntur, si possessor bonæ fidei fuerit ; si verò in mala fide sit, longissimi temporis præscriptione repelletur ; imò nonnunquam hoc eodem spatio, quamvis in bonâ fide constitutus fuit, possessor, opus erit ; nimirum, si illius auctor malæ fidei fuerit et rei dominus alienationem ignoraverit.

A regulâ generali etiam excipitur *petitio hereditatis* quæ et si in rem sit propter præstationes quas continet, mixtam causam habere videtur ; ideoque triginta annis expirat, cui etiam sese per omnia conformant *familiæ erciscundæ, communi dividundo et finium regundorum*. Manifestum est in istius generis præscriptione nec justum titulum, nec bonam fidem requiri, sed tantum possessionem , ut suprà diximus.

Naturalis temporis computatio hìc adhibitur sicut in præscriptione quadraginta annorum et omnibus in causis odiosis. Idcircò sive de re acquirendâ, sive de extinctione obligationis agatur , totus ultimus dies peragendus est. Certissimi juris est, spatium hoc triginta annorum non incipere nisi ab eo tempore ex quo agi potuerit. Ergo si contractus sit conditionalis vel in diem, non procedit usucapio ante eventum conditionis aut diei; alioquin enim posset contingere ut præscriptione finiretur obligatio priusquam initium habuisset : quod est absurdum. Quoad hujus præscriptionis effectus iidem sunt qui ad usucapionem pertinent; nam non rei dominium illa tribuit, tantum verò exceptionem præscribenti in verum dominum vindicantem præbet. Proinde si præscribens possessionem amiserit, non eam vindicare poterit, sed soli domino jus illud dabitur, nisi tamen bonæ fidei possessionem ab initio habuerit; quo casu recte utilis erit vindicatio, quanquam à non domino. Hic quidem solus est casus quo bonæ fidei possessio desideretur ut locum obtineat ista præscriptio.

CAPUT SECUNDUM.

De præscriptione quadraginta annorum.

Quadraginta annis præscribuntur : Bona pupillorum, bona ecclesiarum : novella constitutione Justiniani, 131, cap. vi : « Pro temporalibus autem » præscriptionibus decem, viginti et triginta annorum, sacrosanctis ec- » clesiis et aliis universis venerabilibus locis, solà quadraginta annorum » præscriptione opponi præcipimus. » (Authentica. Quæ actiones de sacros. Eccles.)

Si nec triginta annis tolli possunt actiones, quadraginta annis finem capiunt, sive de jure privato, sive de publico agatur, veluti *vindicatio in servitutem vindicatio finalis.* Actiones sive reales sive personales aliàs triginta annis extingui solitæ, si in judicium deductæ ac silentio traditæ antequam judex definitivam ferret sententiam propter contestationem, ad quadraginta annos extenduntur.

Annorum quadraginta spatio opus est ad præscriptionem in rebus fiscalibus atque patrimonialibus principis. Si a debitore tantum ejusve hæredibus res hypothecaria possideatur, creditor jus hypothecæ quadraginta annis amittit.

CAPUT TERTIUM.

De perpetuis et temporalibus actionibus.

In extraordinariis judiciis non necessaria formulæ petitio, sicut in ordinariis judiciis quæ in eo jure legitima erant, ut ait Gaïus (Com. IV, §§ 103 et 105), et actio in eodem jure perimit, quia res non tempore in judicium deducitur.

Perpetuæ olim dicebantur actiones, quæ nullo cuiquam tempore expirabant : et tales erant omnes, quæ ex legibus, senatus-consultis, constitutionibus principum nascebantur. Sed jure novo ita dicuntur actiones, quæ non nisi longissimi temporis triginta plurumve annorum præscriptione tolluntur (1. 3 , Cod. lib. 7 , tit. 39.)

Temporales contra sunt, quæ brevi temporis spatio anno biennio, quadriennio, imo et aliquot mensibus expirant. Olim erant quæ ex propriâ prætoris juridictione pendebant ; plerumque intra annum vivebant, nam et ipsius prætoris intra annum erat imperium. Aliquando tamen et in perpetuum extenduntur. Sic quæ bonorum possessori, cæterisque qui loco hæredis sunt, accommodantur ; furti quoque manifesti actio perpetuo datur, quæ res persecutionem habeant post annum dantur.

Code Napoléon.

Liv. III, Tit. III.

Des contrats.

(Art. 1234 à 1314.)

De l'extinction des obligations.

« L'obligation, a dit M. Bigot de Préameneu, orateur du gouvernement
» au Tribunat, est un lien de droit ; ce lien existe dans toute sa force
» jusqu'à ce qu'il soit légalement dissous. »

Les Romains ont défini l'obligation : « *Vinculum juris quo necessitate
adstringimur alicujus rei solvendæ.* » (Inst. præ., liv. III, tit. XIII.)

Nous n'avons pas à nous occuper des causes spéciales qui, dans
tel ou tel cas particulier, peuvent éteindre une obligation ; nous n'avons
à présenter que les causes générales d'extinction énumérées à l'art. 1234
du Code Napoléon.

La loi reconnait neuf manières d'éteindre les obligations ; les sept pre-
mières, qui sont l'objet de cette Thèse, forment autant de sections ; la
huitième est la condition résolutoire ou le terme ; la neuvième est la
prescription, qui fait l'objet d'un titre particulier.

Section première.

Du paiement.

Sous cette rubrique, le Code comprend non-seulement les paiements proprement dits, mais encore les offres, qui tiennent lieu de paiement, lorsqu'elles sont valables et suivies de consignation, et même la cession de biens, qui se rattache cependant très indirectement à l'idée de paiement.

§ 1er. — *Du paiement en général.*

Le paiement est l'accomplissement réel de ce qu'on s'est obligé de donner ou de faire. *Solutio est præstatio ejus quod in obligatione est.*

Tout paiement suppose une dette, et, par suite, tout paiement de l'indû est sujet à répétition (1236). Le paiement de l'obligation naturelle, laquelle n'engendre aucun moyen coërcitif, ne peut point être répété, parce que le débiteur a eu un juste motif pour payer, savoir : celui de décharger sa conscience.

Le paiement d'une dette peut être fait par le débiteur, et alors la dette est éteinte ainsi que tous ses accessoires : cautionnements, gages, hypothèques et priviléges ; par toute autre personne que le débiteur et même par celui qui n'aurait aucun intérêt à acquitter cette dette. Alors le débiteur sera libéré par ce paiement, sauf à se voir soumis à une nouvelle dette envers la personne qui aura satisfait pour lui son créancier.

Dans le cas de paiement par un tiers, il faut remarquer que la subrogation, qui semblerait devoir exister de plein droit à l'égard de tout tiers payant, n'existe que pour les tiers qui sont intéressés à l'acquittement de la dette ; quant aux autres, ils ont l'action de la gestion d'affaires, si le paiement a eu lieu au nom et en l'acquit du débiteur, et une action *de in rem verso,* si le paiement a été fait en son propre nom par un tiers étranger à la dette, et, en ceci, le Code s'est éloigné des idées de Pothier pour couper court aux difficultés qui s'élevaient pour savoir si le tiers étranger agissait ou non dans l'intérêt du débiteur.

Il se trouve des cas où le créancier a intérêt à ce que la dette soit payée par le débiteur ; alors, aux termes de l'art. 1237, une tierce personne n'a pas qualité pour effectuer le paiement.

S'il s'agit d'un paiement qui doit transférer la propriété de l'objet donné en paiement, il faut, pour être valable, qu'il soit fait par une personne propriétaire de l'objet et capable de l'aliéner. Si elle n'était pas propriétaire, le créancier ne pourrait acquérir la propriété que par la prescription, qui aurait lieu immédiatement pour les meubles non perdus ni volés, suivant la règle écrite dans l'article 2279 ; mais pour les immeubles, il pourrait être évincé jusqu'à ce que la prescription fût acquise. Néanmoins, si la chose payée se trouve consommée de bonne foi, tout est définitif et irrévocable, et le paiement est valable. Une fois cette prescription accomplie, il pourrait garder l'objet, mais rien ne l'y forcerait, et il ne dépendrait que du créancier de forcer le débiteur à lui livrer un objet dont il fût propriétaire ; si celui qui a livré la chose était incapable de l'aliéner, il pourrait seul critiquer ce placement s'il y avait intérêt. Quant au créancier, l'art. 1125 lui refuse cette qualité.

En général, pour que le placement soit valable, il doit être fait au créancier, ou à celui qui a pouvoir de recevoir pour lui ; que ce pouvoir soit conféré par la loi, la justice ou la volonté du créancier, peu importe, et même si le paiement a tourné au profit du créancier ou qu'il l'ait ratifié plus tard, il est valable, quoique celui à qui il a été fait n'eût pas de pouvoir pour le recevoir. Bien plus, si le débiteur est de bonne foi et qu'il paie le possesseur de la créance ou créancier putatif, la loi déclare le paiement valable. Au contraire, si le créancier était incapable de recevoir, qu'il fût mineur ou interdit, il ne serait pas valable, et la demande d'un nouveau paiement ne pourrait être repoussée que par l'exception de dol, si la chose payée avait tourné au profit du créancier.

On ne peut pas non plus payer utilement au créancier , au préjudice d'une saisie-arrêt ou opposition légalement formée ; les créanciers saisissants peuvent contraindre le débiteur à payer entre leurs mains la somme pour laquelle la saisie a été faite , sauf son recours pour la répétition de la somme imprudemment payée.

C'est identiquement la chose promise en paiement qui doit être livrée, et on ne peut pas contraindre le créancier à recevoir une chose pour l'autre , ni le prix pour la chose , ni un fait pour un autre fait. Tout paiement doit être fait en entier et on ne peut pas forcer le créancier à recevoir par fractions. Le motif de cette disposition se trouve dans Pothier : «Quel intérêt , dit-il , le créancier peut-il avoir à refuser à son » débiteur l'avantage de le payer par portions? L'intérêt que l'on peut » avoir à recevoir tout entière une grosse somme plus facile à placer que » plusieurs petites dont l'emploi est difficile , et qui d'ailleurs se dépen- » sent imperceptiblement.. » (Pothier, tom. 3 , No 534 , p. 403 et 404).

En s'appuyant sur des motifs d'humanité , la loi a permis aux juges non-seulement de reculer l'époque du paiement, mais encore d'en graduer les termes , de les diviser ; cependant les juges devront agir avec une réserve excessive. Il est des cas pourtant où les juges ne pourront pas user de cette faculté, dans les cas prévus par les art. 1186 Cod. Nap., 124. Cod. Proc., 157 , 187 , 437, Cod. Comm.)

S'il y a plusieurs créances distinctes, le débiteur peut payer l'une sans l'autre. Tout paiement doit être fait au domicile du créancier, sauf la délivrance d'un corps certain qui doit être faite au lieu où il se trouve au moment de la convention, à moins toute stipulation contraire. Les frais de paiement sont à la charge du débiteur, si toutefois le créancier n'est exclusivement intéressé au paiement de la dette.

§ II. -- *Du paiement avec subrogation.*

En Droit romain, la subrogation était une fiction : on disait que le créancier n'avait pas reçu ce qui lui était dû par le débiteur, mais le prix de sa créance, le prix de sa cession. *Non solutum accepit, sed quodam modo nomen debitoris vendidit.* Et Renusson disait : *Non est vera cessio, sed cessio fictiva.*

Cette fiction est passée dans notre Droit, après avoir été dans le droit coutumier (Pothier, Traité des obligations, 3me partie.)

Le paiement par subrogation est celui qui est fait par un autre que le débiteur, et qui laisse subsister les garanties accessoires de la dette, tout en l'éteignant, garanties qui sont portées sur la nouvelle créance qui naît au profit de celui qui a payé. La subrogation est donc la substitution, quant aux garanties d'une créance qui appartenait à une personne, et qui a été payée par une autre, de cette personne à l'autre. Quoique la subrogation n'existe, par la force même des choses, que lorsqu'une personne qui ne devait pas payer à la libération d'un débiteur, on comprend parfaitement qu'il y ait subrogation de plein droit, lorsqu'une créance étant due par plusieurs débiteurs, un seul la paie en entier.

La subrogation peut être conventionnelle ou légale, selon qu'elle découle de la convention des parties ou de la loi.

Subrogation conventionnelle. — La subrogation conventionnelle peut se faire : 1º entre le créancier et un tiers, sans le consentement du débiteur ; 2º entre le débiteur et un tiers sans le consentement du créancier.

Deux conditions seulement sont nécessaires pour la validité de la subrogation par le créancier. La première c'est que la subrogation soit formellement exprimée dans la convention, la loi n'admettant pas la subrogation tacite ; la seconde c'est que la subrogation soit faite au moment du paiement. Ainsi la convention et la subrogation doivent être relatées dans l'acte même qui est dressé pour constater le paiment, c'est-à-dire dans la quittance qui peut être sous seing-privé ou authentique. Si le paiement était fait et la quittance donnée, on ne pourrait pas subroger à une chose sur laquelle on n'aurait plus de droit. Puisque la subrogation doit s'accomplir au moment du paiement, rien ne s'oppose à ce que cette subrogation soit convenue avant le paiement.

Voilà les deux seules conditions qu'exige la loi. Quant à la remise des titres, à la signification au débiteur, ces formalités , qui sont de la prudence , ne peuvent nuire en rien à la validité de la subrogation , lorsqu'on ne les a pas remplies. Le subrogeant, en effet , va-t-il de mauvaise foi vendre la créance à laquelle il a subrogé ? La date certaine de l'acte de subrogation , en mettant à couvert le paiement que le débiteur , simulant d'ignorer la subrogation , ferait entre les mains du subrogeant, serait inopposable, quand même on ne lui en aurait donné connaissance que par lettre ou verbalement, si un écrit ou l'aveu de ce débiteur le prouvait (1250.)

Un tiers ne peut jamais forcer le créancier à le subroger , il peut le contraindre, comme nous l'avons dit, à recevoir le paiement , mais la subrogation ne pouvant s'opérer que par convention et par consentement mutuel , il est évident qu'on ne peut jamais contraindre le créancier à subroger (1236.)

Deux conditions sont aussi nécessaires pour la subrogation faite par le débiteur, qui a pris naissance dans l'édit de Henri IV , de 1609 , et qui a été mis en ordre par le réglement de 1690. 1o Il faut qu'il constate par un acte qui , à la différence de celui établi entre le créancier et un tiers , doit être authentique, qu'il emprunte à un tiers l'argent pour acquitter la dette ; 2o que dans la quittance , également notariée , il fasse connaître que le paiement a été fait avec l'argent qu'il a emprunté au tiers. De là résulte la subrogation sans qu'elle soit formellement exprimée (1250). Cet article a été copié dans le réglement de 1690.

Subrogation légale. — La subrogation légale a lieu , 1o au profit de tout créancier qui en paie un autre, ce dernier, ayant sur lui quelque cause de préférence , les deux créanciers ayant le même débiteur ; 2o au profit de l'acquéreur d'un immeuble qui emploie le prix de cette acquisition au paiement des créanciers auxquels cet héritage était hypothéqué ; 3o au profit d'une personne qui paie une dette qu'elle avait intérêt d'acquitter, soit à titre de solidarité , soit à tout autre titre, comme la caution ; 4o au profit de l'héritier bénéficiaire qui paie les dettes de la succession de ses deniers propres (1251.)

Effets de la subrogation. — La subrogation conventionnelle ou légale produit son effet tant à l'égard des cautions qu'à celui des débiteurs (1252). Elle confère tous les droits du créancier au débiteur, sauf conventions contraires et les exceptions prévues par les articles 1214, 1216, 2033 du Code Napoléon.

La subrogation conventionnelle ou légale ne peut plus nuire au créancier, lorsqu'il n'a été payé que d'une partie de la dette ; car il peut, par préférence au subrogé, exercer tous ses droits pour ce qui lui reste dû, différence remarquable qui existe entre la subrogation et la cession de créance. Les caution, tiers ou ayant-cause du débiteur, étant liés par la subrogation, en ce qui touche le privilége de sûreté de la créance, peuvent donc opposer au subrogé toutes les exceptions qui leur étaient acquises contre le créancier primitif.

§ 3. — *De l'imputation des paiements.*

Les articles du Code qui se rapportent à ce paragraphe ont été presque entièrement copiés dans la loi romaine au titre *de solutionibus.* Pothier, dans son Traité des Obligations, n° 565 et s., nous fait voir les rapprochements qui existaient entre le droit ancien et la loi romaine ; rapprochement qui est passé dans nos lois.

Un débiteur peut être tenu de plusieurs dettes envers le même créancier ; alors si la somme qu'il paie n'est pas assez forte pour les acquitter toutes, il faut savoir sur laquelle ce paiement sera imputé.

En règle générale, le débiteur peut se libérer, malgré le créancier, et s'il est grevé de plusieurs dettes envers ce même créancier, il peut éteindre, par le paiement qu'il fait, la dette qu'il préfère ne plus exister (1253). Mais il n'en est pas ainsi si le débiteur n'offre qu'une fraction de paiement ; le créancier pouvant alors refuser cette fraction, il est maître, s'il la reçoit, de l'imputer sur la dette qu'il voudra. La quittance que le créancier donne au débiteur peut dire sur quelle dette l'imputation a été faite, et elle fait foi, sauf le cas de fraude ou de surprise.

(1251). Lorsque la quittance ne porte aucune imputation et qn'on ne peut l'induire d'un acte ou d'aucune autre circonstance, la loi indique le mode d'imputations selon les présomptions (1256). Ainsi, si toutes les dettes sont échues ou si aucune ne l'est, c'est sur la plus onéreuse qu'est faite l'imputation ; si elles sont toutes également onéreuses, pour les dettes échues . sur la plus onéreuse ; pour celles non échues, sur la plus près d'échoir ; toutes choses égales, sur toutes les dettes également.

§ 4. — Des offres de paiement et de la consignation.

Lorsqu'un créancier refuse, sans juste motif, de recevoir le paiement, le débiteur ayant intérêt à se libérer, peut se procurer les mêmes avantages en faisant au créancier, mis en demeure de recevoir, des offres réelles et en se déssaisissant de la chose par la consignation chez le receveur général dans les chefs-lieux de département, chez le receveur particulier, dans les chefs-lieux d'arrondissement.

Le créancier aurait un juste motif de refuser si on lui offrait un paiement irrégulier et non-valable, mais il ne peut pas le faire si les offres réelles, c'est-à-dire par un huissier ou un notaire, sont faites conformément à l'art. 1258 du Code Nap.

Il faut : 1o un créancier ayant capacité de recevoir ou à son fondé de pouvoir ; 2o par une personne capable de payer ; 3o la totalité de la somme exigible; 4o après l'échéance du terme stipulé dans l'intérêt du créancier ; 5o après l'échéance de la condition sous laquelle la dette a été contractée ; 6o au lieu choisi par les parties pour le paiement ou bien à la personne et au domicile du créancier, à defaut de désignation du lieu ; 7o enfin, par le ministère d'un officier public ayant caractère pour ces sortes d'actes.

Deux circonstances peuvent se présenter : le créancier accepte-t-il les offres réelles, on lui fait faire sommation de se présenter à jour et heure indiqués à la caisse des dépôts et consignations pour y recevoir la

somme offerte? Refusera-t-il? la même sommation lui est faite pour consi-
gner la somme? Si le créancier fait défaut, le débiteur se dessaisit de toute
la somme, y compris les intérêts qui ont couru depuis le jour des offres ;
cette somme est versée à la caisse des consignations. Un nouveau procès-
verbal fait par les mêmes officiers ministériels désigne la valeur des espèces, le défaut du créancier et le dépôt des sommes ; signification de ce
procès-verbal est faite au créancier.

Les frais des offres réelles et de la consignation sont à la charge des
créanciers. Si elles sont valables (1260), le débiteur peut retirer la consignation, tant que le créancier ne l'a pas acceptée, mais s'il la retire,
ses codébiteurs et cautions ne sont pas libérés.

Un autre distinction peut se présenter, lorsque les offres réelles ont
été faites au créancier ; on peut se demander la conduite à suivre au cas
où le créancier est obligé de se rendre au lieu de la livraison et celle à
tenir lorsque le débiteur est obligé d'aller porter la chose chez son créancier. Dans le premier cas, après sommation, le débiteur transporte l'objet des offres réelles dans le lieu convenu, et si le créancier ne se présente
pas pour recevoir, les frais sont à sa charge.

Dans le second cas, le débiteur va chez le créancier : s'il refuse, le
débiteur dépose l'objet des offres dans le lieu le plus rapproché, et après
sommation faite au créancier de venir l'y prendre, il se trouve libéré,
pourvu qu'il y ait acceptation postérieure ou jugement validant le fait. En
cas de refus de la part du créancier, les frais sont encore à sa charge. Ces
règles n'offrent pas plus de difficultés, lorsque ce sont des choses indéterminées, que lorsque c'est un corps certain, par cette raison que du
moment où des choses indéterminées sont désignées dans la sommation,
elles deviennent corps certain.

§ 5. — *De la cession de biens.*

La cession de biens, qui a pris naissance dans la loi *Julia* portée par
Jules César ou Auguste, n'est pas, à proprement parler, un mode de

paiement, puisqu'elle consiste en un abandon fait par le débiteur au créancier, de tous les biens, lorsqu'il est hors d'état de payer ses dettes (1265).

Comme la cession de biens ne désintéresse pas intégralement les créanciers, il peut se faire qu'ils la refusent. Quand ils ont affaire à un débiteur de mauvaise foi, qui veut leur faire perdre leur créance, ils ont le droit de refuser ; mais si le débiteur malheureux veut, par ce moyen, libérer sa personne, la loi vient à son secours en forçant les créanciers à accepter cette cession comme paiement. De là une distinction établie par la loi entre la cession volontaire, qui a lieu lorsque les créanciers acceptent simplement, et la cession judiciaire qui leur est imposée.

La cession judiciaire ne confère pas aux créanciers la propriété des biens cédés, elle leur donne seulement le pouvoir d'en percevoir les revenus jusqu'à la vente de ces biens. Le Code de Procédure civile, dans les art. 898 et suivants, nous donne les formes à suivre pour l'obtenir, et dans l'art. 905, ceux qui jouissent de ce bénéfice. Au surplus, par la cession de biens, le débiteur n'est pas libéré, si ses biens sont insuffisants ; et s'il lui en survient d'autres, il doit les abandonner jusqu'au paiement intégral.

SECTION II.

De la novation.

Le second mode d'extinction des obligations est la novation. La novation, d'après Pothièr, est : *la substitution d'une dette nouvelle à une ancienne dette.*

Novatio, a dit le Jurisconsulte Romain, *est prioris debiti in aliam obligationem, ita ut prior perimatur.*

La novation peut s'opérer de trois manières : 1o par simple changement de la dette; 2o par le changement du débiteur ; 3o par le changement du créancier. Il est évident qu'une seule de ces trois causes pouvant opérer la novation, les trois peuvent, *a fortiori*, concourir pour la former.

Pour que la novation s'accomplisse, il est indispensable que deux obligations soient en jeu, puisque la novation est l'extinction d'une obligation par une nouvelle ; d'un côté celle qui doit être éteinte, et de l'autre celle qui doit éteindre l'obligation existant déjà.

Actuellement, si la première obligation n'avait pas une existence légale, la seconde, qui n'était contractée qu'en tant qu'elle devait remplacer la première, n'existerait pas, et la novation se trouverait non-avenue ; mais si c'était la seconde qui n'eût pas d'existence juridique, la première existerait toujours et la novation, pas plus ici que dans le cas précédent, ne pourrait avoir lieu, car de la validité de la seconde obligation dépendait l'extinction de la première. Ce que nous venons de dire n'implique pas que, si deux obligations sont nécessaires, il faut que leur existence soit parfaite et irrévocable. Ainsi l'une des obligations peut être annulable, la novation existe jusqu'à l'annulation, si elle vient à être prononcée, mais elle existe jusqu'alors, puisque l'obligation annulable produit tous ses effets tant qu'elle dure.

Quand l'une des deux obligations se trouve par exemple radicalement nulle, comme contraire à l'ordre public, il est évident qu'il ne peut y avoir novation.

Il est certains cas où la novation peut couvrir la nullité de l'obligation première. Ainsi un débiteur connaît la nullité de l'obligation de son créancier, et il veut par une nouvelle obligation couvrir cette nullité ; la novation a lieu, elle est inattaquable. Si au lieu d'être débiteur, c'est un tiers qui fait novation, elle sera nulle, s'il n'avait pas connaissance de la non-existence légale de la première obligation ; mais s'il n'ignorait pas cette nullité et qu'après il fît une novation, elle serait valable.

Si au moment de la novation, la nullité de la première obligation était prononcée, et que la novation fût faite par le débiteur, il est évident que par cet acte il se reconnaîtrait redevable envers le créancier et que la novation serait valable. Il en serait de même à l'égard d'un tiers ayant connaissance de l'annulation de l'obligation.

3

La loi, par une faveur toute d'exception, a permis aux parties contractantes dans une novation, de transporter les priviléges ou hypothèques de la première à la seconde ; mais pour que ce transport soit valable, il faut qu'il soit fait au moment de la novation. La loi ne peut pas permettre, si un tiers faisait la novation, de faire remonter l'hypothèque à une époque où la dette n'existait pas pour le nouveau débiteur ; et partant, laisser primer les hypothèques des créances que pourrait avoir le nouveau débiteur au moment de la novation.

Section III.

De la remise de la dette.

Les obligations peuvent être éteintes par le même consentement qui les a formées. Tel est le principe de la remise de la dette, qui peut avoir lieu à titre gratuit ou onéreux. Toute remise de la dette suppose une libéralité ou un paiement ; en cas de libéralité, si elle est constatée, elle ne peut être attaquée qu'autant qu'elle a été faite en fraude des prohibitions de la loi.

La remise de la dette peut être expresse ou tacite ; on prouve selon les règles de la libération la remise expresse. Les art. 1282 et 1283 nous montrent les cas dans lesquels elle est tacite ou légalement permise. La présomption légale ne peut être détruite qu'en prouvant que la remise du titre n'a pas été volontaire. Tous les codébiteurs se trouvent libérés par la remise ou décharge conventionnelle au profit de l'un des codébiteurs, à moins que le créancier n'ait expressément réservé ses droits contre les autres débiteurs, et alors il ne pourra plus répéter la dette que déduction faite de la part de celui auquel il a fait la remise.

Les cautions se trouvent libérées par la remise de la dette faite au débiteur ; mais le débiteur ni les autres cautions ne se trouvent libérés par la remise de la dette faite aux cautions ou à l'un d'eux (1287).

Section IV.

De la compensation.

Deux personnes sont personnellement débitrices l'une de l'autre , ces deux personnes ayant plus d'intérêt à ne rien débourser qu'à payer d'un côté pour recevoir de l'autre , les deux dettes s'éteignent mutuellement.

Tel est le principe de la compensation.

La compensation est *légale* ou *facultative; légale* lorsque les conditions que demande la loi se trouvent réunies ; la compensation a lieu de plein droit , même à l'insu des débiteurs. Lorsqu'une de ces conditions manque , elle ne peut avoir lieu que lorsque les parties ayant la faculté de l'opérer , la demandent , alors elle est *facultative.*

De la compensation légale. — Les conditions que demande la loi pour la compensation légale sont au nombre de quatre : 1o il faut que les deux personnes soient bien débitrices l'une de l'autre ; ainsi une personne est débitrice d'une succession et l'héritier est son débiteur. Si l'héritier n'est qu'héritier bénéficiaire, la compensation légale ne peut avoir lieu, car c'est à la succession et non à l'héritier que vous devez; 2o il faut que les objets des deux dettes soient exactement fongibles entr'eux. On sait très bien que la compensation, qui est de sa nature un paiement fictif, ne peut avoir lieu si les objets de deux dettes ne sont pas identiques ; 3o il faut que les dettes soient liquides, c'est-à-dire que non-seulement elles aient une existence certaine, mais encore que leur quotité soit déterminée. *Cum cor tum sit an et quantum debeatur.* Ainsi si l'existence de la dette était contestée ou toute autre chose , la compensation légale n'aurait pas lieu ; 4o enfin qu'elles soient exigibles toutes deux : une dette à terme ne peut pas être compensée avec une dette exigible. Bien entendu que nous n'entendons pas parler du terme de grâce qui est accordé par le juge au débiteur, qui est dans l'impossibilité d'acquitter sa dette; ce terme ne peut être invoqué lorsque le débiteur peut se libérer sans faire un paiement réel , sans rien débourser , alors que la compensation lui offre un moyen facile de se libérer (1292).

Lorsque deux choses dues sont compensables , peu importe leur origine; il importe peu que les deux dettes soient payables à différents lieux, sauf à la partie qui aurait eu le plus de frais à en tenir compte à l'autre (1296).

Malgré le concours des conditions que nous venons d'exposer, il y a obstacle à la compensation légale à raison de la cause des dettes dans les cas prévus par l'art. 1290.

Si les parties ont renoncé à l'avance à la compensation de certaines dettes, la compensation légale n'aura pas lieu, puisqu'elle n'a été établie que dans le but d'intérêt privé.

La loi voit une renonciation au bénéfice de la compensation dans l'acceptation pure et simple du débiteur de la cession de sa dette que fait le créancier, tout comme elle la voit dans le paiement qu'il fait de sa dette éteinte par la compensation. — Il suit de ce principe que les deux dettes sont éteintes par la compensation ; que le cessionnaire dont la cession a été acceptée purement et simplement par le débiteur, n'acquiert qu'une nouvelle créance et qu'il ne peut jamais exercer aucune des garanties de l'ancienne. — Que si , au lieu d'acceptation pure et simple , il y a eu signification au débiteur, ou acceptation avec réserve expresse, le bénéfice de la compensation existerait en entier , et le cessionnaire n'acquerrait aucun droit contre le débiteur cédé.

Les règles d'après lesquelles se fait l'imputation du paiement, lorsque le débiteur et le créancier ne l'ont pas expliqué, sont applicables pour la compensation dans le cas oùl'une des parties se trouve avoir envers l'autre plusieurs dettes compensables (1295-1297-1299).

La caution qui ne peut demeurer obligée, quand le débiteur principal ne l'est plus, peut opposer la compensation entre les dettes dont il a répondu et celles du créancier. Mais le débiteur principal ou solidaire ne peut opposer la compensation de ce que le créancier doit à la caution ou au codébiteur (1294).

De la compensation facultative. -- La compensation facultative produit les mêmes effets que la compensation légale ; la seule différence , c'est qu'elle ne s'opère que par la volonté et sur la demande de la partie, au pouvoir de laquelle se trouve la faculté de réaliser les conditions qui manquaient à la compensation légale.

Section V.

De la confusion.

Comme cause d'extinction des obligations , la confusion est le concours sur la même tête de deux qualités incompatibles, celle de créancier et de débiteur, dont l'une détruisant l'autre, rend l'obligation impossible.

Qu'une des parties ayant les deux qualités incompatibles succède l'une à l'autre, ou qu'un tiers succède à ces deux personnes, alors a lieu la confusion.

La confusion peut ne pas être irrévocable ; si un héritier par exemple, fait déclarer son acceptation nulle pour causes légales, ou qu'il soit évincé par un héritier plus proche, ces deux qualités, un moment réunies, se séparent et la dette est censée avoir toujours existé.

La confusion qui s'opère dans la personne du débiteur, profite à ses cautions, mais celle qui s'opère dans la personne de la caution ne libère pas le débiteur, et celle qui s'opère dans la personne du créancier ne profite à ses codébiteurs solidaires que pour la part qu'il devait (1300-1301).

Section VI.

De la perte de la chose due.

Personne ne pouvant être tenu à l'impossible, toute obligation s'éteindra, quand il y aura impossibilité de l'exécuter. Si cette impossibilité vient de la faute du débiteur ou s'il s'est chargé des cas fortuits, l'obligation s'éteint pour faire place à une dette de dommages-intérêts.

Le débiteur en demeure étant, par cela même, en faute, est tenu des dommages-intérêts, à moins que la chose n'ait dû périr dans les mains du créancier, tout comme dans celles du débiteur. Si cependant il s'était chargé des cas fortuits, il serait responsable.

Le voleur étant toujours en demeure, ne saurait généralement être libéré par la perte de la chose, *de quelque manière qu'elle arrive.*

Le débiteur ne peut pas être libéré par la perte partielle de la totalité de la dette, et tous les droits et actions en indemnité qu'il aura par rapport à cette chose, il doit les céder à son créancier (1303.)

Section VII.

De l'action en nullité ou rescision des conventions.

La septième et dernière cause d'extinction d'obligation que nous ayons à traiter, est, dit la loi, la *nullité* de l'obligation.

La nullité est le cas d'une prétendue obligation dont l'existence légale n'a de réel que l'apparence, l'obligation que l'on prétend exister et qui n'existe pas par quelque circonstance.

La nullité improprement dite, que nous appellerons *annulation* ou *annulabité*, est le cas d'une obligation existant légalement, mais ayant une existence vicieuse, et qui produira ses effets jusqu'à ce que le juge, sur la demande de la partie intéressée, l'aura anéantie. Il est clair que la loi n'a pas voulu parler, en se servant du mot de *nullité*, de la véritable nullité, car on ne saurait abolir ce qni n'existe pas ; elle n'a voulu parler que des obligations vicieuses.

C'est ce qui résulte du rapport qui fut fait au Tribunat. (Fenes, t. 13, p. 368-369.)

Nous savons que les principales causes d'annulation des obligations sont : le *dol*, l'erreur ou la *violence*, l'*incapacité de l'interdit et de la femme mariée*, la *lésion*.

Chez le mineur non-émancipé pour les actes qu'il aura faits seul , pour le mineur émancipé, lorsqu'il agit sans son curateur , et pour le majeur, lorsque dans un partage il est lésé de plus des trois quarts et que , dans une vente , il l'est de plus des sept douzièmes.

Nous voyons donc qu'il est inexact de dire que la minorité est un cas d'incapacité ; elle n'est qu'une cause de rescision pour lésion

Si le mineur a été lésé pour des causes résultant d'un événement casuel et imprévu, il n'est pas restituable (1306). Le mineur prouvant qu'il a été lésé , pourrait faire annuler l'acte qu'il aurait consenti, alors même que dans cet acte il se serait dit majeur, c'était à la partie qui contractait avec lui à avoir moins de confiance et à s'assurer de la vérité de ce qu'il avançait (1307).

Mais si le mineur avait trompé l'autre partie sur son âge par des manœuvres frauduleuses, il ne serait plus restituable. — L'art. 1310 nous dit qu'il n'est point restituable contre les obligations résultant de son délit ou quasi-délit.

Le mineur n'est pas restituable contre les engagements qu'il a pu faire pour son commerce, contre les conventions portées en son contrat de mariage, alors qu'il était assisté et qu'il a eu le consentement des personnes dont l'autorisation est requise pour la validité du mariage ; alors que , devenu majeur, il a ratifié l'engagement qu'il avait souscrit en minorité, que l'engagement fût nul dans la forme ou qu'il eût seulement pu demander la restitution (1308, 1309, 1311).

Lorsque, soit par l'aliénation des immeubles, soit dans un partage de succession , les formalités requises à l'égard du mineur et interdit ont été remplies, le mineur ou l'interdit ne peuvent pas revenir sur ces actes ; ils sont considérés comme les ayant faits en majorité ou avant l'interdiction (1314).

Délai de l'action en nullité.. — La loi devait voir une ratification tacite d'un engagement, dans le silence prolongé de cette partie qui pouvait demander l'annulation ; elle a donc dû limiter la durée de l'action et cette durée est fixée à dix ans. Ce délai commence à courir du jour où la cause de l'annulation ou de la rescision aura cessé (1304.)

Effets de l'annulation. — Lorsque le juge a prononcé l'annulation, l'acte est anéanti ; les choses reviennent à leur état primitif et les parties sont dans la nécessité réciproque de se restituer ce qu'elles ont pu recevoir en exécution de l'acte annulé. Mais il y a une exception pour les mineurs, les interdits et les femmes mariées ; ils ne sont tenus de restituer que ce donc l'adversaire prouve qu'ils ont vraiment profité (1312.)

POSITIONS.

I. Le paiement opéré par un tiers étranger opère-t-il subrogation ? -- Non.

II. La novation s'opère-t-elle pour toute espèce de dette? -- Non.

III. Deux dettes nées du même contrat s'opposent-elles à la compensation ? -- Oui.

IV. La caution ayant succédé au créancier, la dette existe-telle à l'égard du débiteur ? -- Oui.

V. Le voleur répond-il des cas fortuits? --- Oui.

VI. Existe-t-il une différence entre les contrats nuls et les contrats annulables ? -- Oui.

VII. Les contrats des mineurs nuls en la forme sont-ils nuls ou annulables ? --- Nuls.

Droit Commercial.

Des associations en participation.

(Code de Commerce 47 à 50.)

Désireux de suffire à toutes les exigences du commerce, le législateur a organisé trois espèces de sociétés. Ce sont :

1° La *société en nom collectif*, pour le cas où plusieurs commerçants joignent leurs capitaux, leur industrie et leur habileté, pour agir en commun.

2° La *société en commandite*, lorsque la présence des capitalistes, dont la fortune est déjà faite, est nécessaire pour atteindre le but qu'on se propose.

3° La *société anonyme*, par laquelle les capitaux sont seuls engagés, pour les grandes opérations d'intérêt général, où les formes ordinaires sont insuffisantes.

Mais il peut se présenter des circonstances dans lesquelles ces sociétés ne peuvent suffire. Ou les parties sont pressées, ou elles sont prises à l'improviste, ou elles ont besoin de procéder immédiatement à l'opéra-tion, on n'a pas le temps de rédiger les statuts sociaux, et pourtant il est nécessaire de réaliser l'opération , la convention seule fait tout. L'association en participation est formée.

Ce n'est donc pas , comme semble le reconnaître le Code , une société proprement dite , c'est un *contrat de société* intervenu en présence de l'occasion entre deux individus , que le public ne connait pas comme associés , et qui partageront les bénéfices et les pertes ; ceux qui se réunissent pour former ce contrat n'ont point en vue le crédit , mais l'occasion.

§ 1er. — *Caractères distinctifs de l'association en participation.*

L'ordonnance de 1673 ne parlait pas de l'association en participation, mais elle était connue et pratiquée depuis longtemps, surtout dans les opérations maritimes. On l'appelait *société anonyme,* et Savary donne pour raison qu'elle n'avait point de nom , que chaque individu agissant avec un tiers était seul responsable vis-à-vis de ce tiers , seulement ils étaient tenus l'un envers l'autre pour ce qui regarde la société.

Les art. 47 et 48 du Code de Commerce traitent de l'association en participation et nous en indiquent le but sans en préciser le caractère. Quel est donc le caractère distinctif de cette association ? Ici les auteurs se sont livrés à de nombreuses dissertations.

Il n'y a point en droit de point plus controversé que celui de préciser le caractère distinctif de l'association en participation. La jurisprudence elle-même n'a point d'opinion arrêtée , cependant une de ses décisions nous mettra sur la voie des vrais principes. Elle admet que les diligences établies de Toulouse aux Eaux-Bonnes pour la saison des bains , par la Société des Messageries de Toulouse à Bordeaux , qui est en nom collectif, constituent une simple association en participation.

Nous tirerons de cette décision la règle générale suivante pour établir la distinction : *Il y a association en participation toutes les fois que les parties semblent moins s'être choisies , qu'elles n'aient été invitées par l'affaire à s'unir.*

Si , à cette première règle , nous ajoutons celle-ci : *qu'il y a association en participation toutes les fois que les parties se sont unies par un motif de bienveillance , sans qu'elles eussent réellement besoin du secours les unes des autres* , nous aurons établi tous les principes à l'aide desquels nous pourrons distinguer la société en nom collectif de celle qui nous occupe.

L'intérêt de cette distinction vient surtout de ce que l'art. 49 admet dans tous les cas la preuve testimoniale pour l'association en participation. C'est une preuve de plus à celles que nous avons déjà données , que le législateur n'a pas clairement exprimé sa pensée dans l'art. 41, où il a malheureusement confondu la preuve de la société. Or, l'association en participation n'est qu'un contrat de société, il n'est pas étonnant que la preuve soit admise.

§ 2. — *Rapport des associés entr'eux.*

Nous avons dit que les participants ne se réunissent pas pour attirer le crédit et qu'ils peuvent agir isolément à l'extérieur. Il n'y a donc ici que des rapports d'associé à associé , et la publication de ce contrat est inutile , car sa formation dépend uniquement des parties contractantes.

Les participants sont entr'eux de véritables associés , comme s'il y avait un être de raison. Ils se doivent bonne foi et bienveillance ; ils doivent même apporter une activité plus grande que dans les autres sociétés. En effet , dans la société ordinaire , on a le temps de choisir son associé et de le connaître. Ici, il faut le prendre tel qu'il se présente. En outre , il est bien plus facile de secouer sa paresse pour un moment que pour toute la durée d'une société ordinaire. Enfin , on est entraîné par l'affaire , le manque d'activité aurait des résultats plus désastreux que dans les autres cas.

Les associés répondent l'un à l'autre des fautes. On s'est demandé si ces fautes sont compensées par la diligence précédente. La cour de cassation a décidé l'affirmative. Cela serait juste s'il y avait une *negotiorum gestio,* car le *negotiorum gestor* ne doit rien à celui dont il gère les affaires. Au contraire, le participant s'engage à travailler dans l'intérêt commun; la compensation des fautes est inadmissible. Telle était la décision du Jurisconsulte Romain qui, dans la loi 26, *pro socio*, a dit : *non compensatur compendium cum diligentiâ*.

§ 3. — *Rapport des participants avec les tiers.*

A l'égard des tiers, l'association en participation ne forme pas un être de raison, ayant un patrimoine. Il est vrai que parfois les apports des associés deviennent communs entr'eux, mais il n'appartient jamais à un être de raison. Chacun a une part indivise dans ce patrimoine, et peut donner hypothèque proportionnellement à cette part.

Les participants agissant séparément, à qui appartiennent vis-à-vis des tiers les objets acquis par chacun d'eux? En principe, ils appartiennent à l'agent extérieur, et ils ne peuvent être pris en gage par les créanciers de cet agent qui ne connaissent que lui.

La pratique a souvent admis le contraire; ainsi, un capitaliste s'associe avec un industriel pour acheter un certain objet. Après avoir fait l'affaire, l'industriel tombe en faillite. La pratique veut que l'objet appartienne au capitaliste. Cela est faux; en droit consulaire, la marchandise appartient toujours à l'agent extérieur et apparent.

Si l'on admettait les conclusions de la pratique, on arriverait à des résultats immoraux. Les capitalistes seraient toujours à couvert, et pourraient réaliser des bénéfices sans éprouver de perte. Les tiers seuls, qui auraient prêté dans l'espoir d'être couverts par la marchandise, seraient frustrés.

Il faut donc conclure que l'agent extérieur seul est connu des tiers. Le capitaliste ne peut se présenter à la faillite que comme simple créancier, et encore après les autres, car il est participant aux pertes, comme aux bénéfices.

Chaque associé seul est tenu par ses engagements envers les tiers. Mais si les associés ont agi en commun, ils sont tenus envers les tiers *in solidum*. La communauté d'action n'est pas présumée, elle doit être prouvée, soit par les signatures des participants sur l'engagement, soit par d'autres circonstances que les tribunaux apprécieront.

QUESTIONS.

1o L'association en participation forme-t-elle un être moral? — Non.

2o Ne s'applique-t-elle qu'à des affaires de minime importance?—Non.

3° La faute d'un associé est-elle compensée par la vigilance précédente? — Non.

4° Les participants qui n'ont pas agi avec les tiers peuvent-ils être poursuivis par eux? — Non.

Droit Administratif.

De la juridiction administrative, gracieuse et contentieuse en matière de marchés publics.

La plupart des auteurs confondent les travaux publics avec les marchés publics ; mais si ces matières renferment également le caractère du contentieux, il y a entr'elles une énorme différence : c'est que les contestations qui s'élèvent sur les travaux publics sont jugées par le conseil de préfecture, celles relatives aux marchés publics par les ministres.

Lorsque l'Etat ou toute autre personne morale a besoin de fournitures mobilières : subsistances, habillements, etc., généralement, l'achat ne se fait pas de gré-à-gré avec le fournisseur ; mais entre lui et la personne morale, il y aura une adjudication dont le titre et la convention peuvent donner lieu dans l'application à quelques difficultés. Ce sont les marchés publics, et nous devons nous occuper des diverses juridictions devant lesquelles ces difficultés devront être portées.

Juridiction gracieuse.

Tous les marchés et fournitures pour le compte de l'Etat étant passés par les ordres et sous l'autorité du ministre, tantôt directement par eux, tantôt par les agents inférieurs délégués par lui, il est tout naturel que chaque ministre conserve dans ses attributions le pouvoir de résoudre comme chef hiérarchique les difficultés relatives aux marchés de son département. Aussi, un grand nombre d'ordonnances et de réglements, notamment du 4 décembre 1836, du 31 mai 1838, leur donnent-ils le pouvoir d'approuver indistinctement les adjudications et la réadjudication des fournitures pour le compte de l'Etat, ainsi que les marchés faits de gré-à-gré par leurs délégués ; tels que les préfets, les intendants-militaires, les chefs de service, et ces marchés ne seront jamais valables qu'après cette approbation, sauf cependant les exceptions spécialement autorisées et rappelées dans le cahier des charges.

Les réglements du 22 septembre 1817 donnent aussi au ministre le droit d'ordonner la passation de marchés d'urgence aux risques et périls de l'entrepreneur, faute par lui d'exécuter ponctuellement les clauses de son marché, ainsi que d'apprécier les réclamations d'un fournisseur qui a encouru la déchéance, pour n'avoir pas produit les pièces à l'appui de son marché en temps utile et qui sollicite de nouveaux délais pour faire cette production.

De dégager les adjudicataires de leurs obligations ou de leur accorder de nouveaux délais, lorsque des événements imprévus ou de force majeure les mettent dans l'impossibilité de les remplir, ou les forcent de retarder l'époque de leur accomplissement.

Lorsque, par suite de délégation de pouvoir, les marchés publics ont été passés par les préfets, ce sont ces fonctionnaires qui prononcent la résiliation ; il faut toujours que la résiliation comme la passation du marché soit soumise à l'approbation du ministre, car, dans le cas où cette approbation n'aurait pas été demandée et que le marché n'aurait pas été d'urgence, le ministre le déclare comme non-avenu.

De plus, comme celui qui fait la loi peut l'abroger, c'est au ministre à prononcer la résiliation des marchés définitifs, sauf les cas où les préfets agissent.

Si l'adjudicataire croit qu'il est de son intérêt de réclamer, sans qu'il

en ait positivement le droit , car alors ce serait du contentieux , une indemnité ou un supplément de prix, c'est le ministre qui décidera la
question.

Une exception a été apportée à la compétence générale du ministre en
matière de marchés publics par l'art. 24 du tableau A du décret de la dé-
centralisation du 25 mars 1852, en décidant que les préfets seraient main-
tenant compétents pour statuer sur les questions relatives aux marchés
publics pour les prisons départementales , les asiles d'aliénés et tous les
établissements départementaux.

Juridiction contentieuse.

Ce n'est pas sans difficulté que l'on a fini généralement par admettre la
compétence des ministres en premier ressort pour le consentement des
marchés publics. On s'est fondé pour la contester sur l'art. 14 du décret
du 11 juin 1806, qui porte que le Conseil d'Etat connaîtra de toutes les
contestations relatives aux marchés passés avec les ministres, pour attribuer cette compétence au Conseil d'Etat ; on s'est aussi fondé sur l'arrêté
du 19 thermidor an IX, d'après lequel les contestations relatives au paiement des fournitures faites pour le compte du gouvernement paraissent
avoir été attribuées aux préfets, pour investir ces fonctionnaires de cette
juridiction spéciale.

Quant à nous , nous pensons qu'en principe , le Conseil d'Etat n'étant
que le juge d'appel, rien n'empêche de concilier notre opinion , qui ac-
corde le consentement des marchés publics aux ministres, avec l'art. 14
du décret précité, en décidant que le ministre sera juge du premier degré,
et le Conseil d'Etat, juge d'appel. Quant à l'arrêté qui semble attribuer
compétence aux préfets, il faut l'interpréter en ce sens qu'il leur est permis de faire tous actes d'instruction , mais rien au-delà.

Du reste, il faut remarquer que les ministres n'exercent leur juridiction directement que lorsque le marché a été passé personnellement avec
eux; si, au contraire , il a été passé avec le préfet, ils n'agiront jamais

qu'après instruction de ce fonctionnaire, instruction qui est faite par tous les fonctionnaires, intendants, chefs de service, lorsque ce sont eux qui ont conclu les marchés.

La jurisprudence a décidé maintes fois qu'il était permis uniquement au ministre d'interpréter les clauses et conditions des traités passés avec les fournisseurs.

Spécialement le 17 août 1825, on a reconnu qu'il leur appartenait de décider à quelle époque doit remonter la résiliation, lorsque les parties ont stipulé qu'elles auraient ce droit-là, et que l'une d'elles en a usé.

On a reconnu aussi d'une façon générale, que le ministre avait le droit, par exemple, de décider, si telle nature de marché constitue un marché public, et si les clauses qui y sont insérées sont valables (22 février 1826, 11 avril 1837), et surtout, si d'après le traité il devait être tenu compte à l'entrepreneur des pertes qu'il a éprouvées (10 janvier 1839, 27 mai 1839.)

Nous avons dit plus haut que lorsque la résiliation est prononcée d'office par l'administration, la matière sera considérée comme purement gracieuse ; mais lorsque la résiliation est demandée par l'entrepreneur, en vertu des clauses de son marché, cette réclamation donne lieu à un débat contentieux, parce qu'il s'agit alors de statuer sur l'interprétation du marché ou sur son exécution.

Nous savons que le moyen infaillible de trouver le côté contentieux d'une question est la formule : *l'intérêt spécial émanant de l'intérêt général, discuté, en contact avec un droit privé.*

Les marchés publics se rattachent on ne peut plus intimement à *l'intérêt général*. Les marchés de fournitures pour l'armée de terre ou de mer, en temps de paix ou en temps de guerre, pour la subsistance des troupes, ont pour but immédiat la défense du territoire et le maintien du bon ordre et de la sécurité.

L'adjudication et l'exécution des marchés et fournitures font naître *l'intérêt spécial*.

La *discussion* naîtra, si une contestation s'élève entre les contractants pour l'exécution d'une clause quelconque du contrat.

Le *droit privé*, c'est la peine que s'est donnée le fournisseur, son argent, son industrie qu'il a dépensés.

Nous voyons ainsi dans les marchés tous les caractères de la formule, et par suite tous les caractères du contentieux administratif.

POSITIONS.

I. Le Conseil d'Etat peut-il prononcer sur des contestations élevées en matière de marchés publics? — Non.

II. Le préfet peut-il résilier un marché? — Oui, s'il a été passé par son ministère.

III. Le ministre peut-il juger toutes les contestations, différends, indemnités et tout ce qui se rapporte aux marchés publics? — Oui.

IV. Le préfet est-il compétent pour les marchés relatifs aux établissemens départementaux? — Oui.

Cette Thèse sera soutenue, en séance publique, dans une des salles de la Faculté, le 7 août 1858.

Vu par le Président de la Thèse,

G. DEMANTE.

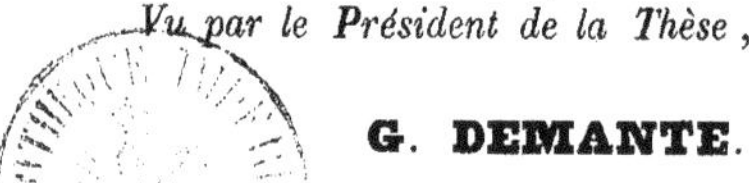

Toulouse, imp. Troyes OUVRIERS RÉUNIS, rue Saint-Pantaléon, 3.